Maxime Du Camp

La Place de la Roquette

Le quartier des condamnés à mort et l'échafaud

ISBN : 978-1720700913

10 9 8 7 6 5 4 3 2 1

Maxime Du Camp

La Place de la Roquette

Le quartier des condamnés à mort et l'échafaud

Table de Matières

Introduction	7
Section I	9
Section II	18
Section III	29
Section IV	38

Introduction

Jusqu'aux premiers jours du XIXe siècle, on exécutait à Paris les criminels un peu partout, au hasard de certaines convenances dont le mobile nous échappe aujourd'hui, à la Grève, aux Halles, à la Croix du Trahoir, place de la Bastille, souvent dans un carrefour et parfois même dans les rues. La place de Grève, exclusivement adoptée sous le consulat, vit, jusqu'à la révolution de juillet, toutes les exécutions capitales dont Paris fut ensanglanté, et à cette époque elles étaient marquées de préliminaires d'une lenteur désespérante. Le condamné, amené dès le matin de Bicêtre, où il était enfermé depuis qu'il avait signé son pourvoi en cassation, était mis à la Conciergerie pour y passer son dernier jour. Quelques minutes avant quatre heures, il était extrait de la prison, hissé sur une charrette découverte et dirigé ainsi, à travers la foule qui encombrait les quais, jusqu'à la place sinistre où il devait mourir. Du haut de l'échafaud tourné vers la Seine, il pouvait voir le Palais de Justice et Notre-Dame. Cet usage cruel d'exhiber ainsi le condamné et de le montrer au peuple disparut avec la dynastie des Bourbons. A la place de Grève on substitua la place de la barrière Saint-Jacques, qui fut « inaugurée » le 3 février 1832 par Desandrieux ; au lieu de faire l'exécution à quatre heures de l'après-midi, alors que toute la population est sur pied et peut accourir, au lieu de laisser les crieurs arpenter les rues en annonçant le moment du supplice, on imposa aux agents de l'autorité une discrétion absolue, et l'on fixa l'instant de l'exécution au petit lever du jour. Mais un autre usage barbare subsistait encore : le trajet de Bicêtre à la barrière Saint-Jacques ; il avait cependant été rendu matinal et plus humain. La charrette lente, lourde et à claire-voie avait été remplacée par « le panier à salade, » plus rapide, complètement clos, et où du moins le condamné, assis près du prêtre, pouvait cacher à la foule gouailleuse ses dernières expansions et son repentir suprême ; mais la nécessité de faire cette longue route sur des chemins souvent défoncés par l'hiver, au milieu des convois de maraîchers, constituait encore une redoutable aggravation de peine. La construction du grand dépôt sur la place de la Roquette amena une modification essentielle dans l'incarcération des condamnés à mort ; on ne les conduisit plus à Bicêtre, on les enferma à la

Roquette, dans un quartier spécial. Dès lors le trajet de la prison au lieu du supplice, devant se faire à travers les rues populeuses de Paris, devenait bien plus cruel que le voyage de Bicêtre ; on sentit l'inconvénient d'un tel système, qui ramenait en quelque sorte aux errements d'autrefois, et, pour y remédier, on prit un parti dont l'humanité a su profiter. Au mois de juin 1851, après l'exécution de Viou, la place de la barrière Saint-Jacques fut délaissée, et le 16 décembre de la même année Humblot fut décapité au rond-point de la Roquette, à la porte même de la prison où il avait attendu qu'on prononçât sur son pourvoi et son recours en grâce. Depuis cette époque, les vingt condamnés à mort qui ont subi leur peine à Paris, ont été exécutés sur cet étroit emplacement, en un endroit facilement reconnaissable à cinq dalles encastrées au milieu des pavés et destinées à supporter d'aplomb les chevalets de l'échafaud.

La place semble avoir été choisie avec un discernement très perspicace. On donne à la loi tout ce qu'elle exige, mais rien de plus. Si l'exemple est là dans ces terribles solennités de la justice, il est en sens inverse de celui qu'on voudrait donner. Puisque l'article 26 du code pénal, qui dit : « L'exécution se fera sur l'une des places publiques du lieu qui sera indiqué par l'arrêt de condamnation, » n'a pas été abrogé, il faut que le châtiment soit public ; mais le temps n'est plus où les grands seigneurs forçaient leurs gens d'assister en livrée, sur la place de Grève, au supplice des criminels, et leur disaient que c'était là une bonne école pour les domestiques. On sait de quels éléments se compose aujourd'hui la masse des curieux qui se pressent à ces douloureux spectacles ; on n'ignore pas les scandales qui se produisent dans cette agglomération de mauvais monde ; plus qu'autrefois on a souci d'une certaine réserve, et, en obéissant au principe de la législation, on lui arrache, au profit de la morale, tout ce qu'on peut lui dérober. Les hauts bâtiments du dépôt des condamnés et ceux de la maison des jeunes détenus sont un obstacle invincible à la curiosité malsaine de la population ; les arbres, nombreux, pressés, touffus, masquent la vue ; l'échafaud, dressé presque contre les murailles de la prison, est en retrait, dissimulé autant que possible. Au lieu d'aller chercher le public, comme jadis, de le prendre à témoin de l'acte suprême que la société se croit forcée d'accomplir, on le relègue, on l'écarte, on se cache de lui. Sa présence, si peu apparente qu'elle soit, suffit à satisfaire l'esprit d'un texte de nos codes ; c'est assez, c'est peut-être trop.

Entre l'heure où le coupable debout devant le jury qui le juge, en face des conseillers qui appliquent la loi, a entendu prononcer contre lui la peine capitale, jusqu'à celle où, sortant de sa cellule entre l'aumônier de la prison et l'exécuteur en chef des arrêts criminels de la cour impériale de Paris, il fait ses derniers pas, de longs jours s'écoulent. Grâce au ciel, l'horrible loi de prairial n'existe plus ; un condamné ne passe plus du tribunal à l'échafaud. La justice française, lente et méticuleuse à dessein, redoutant les erreurs, environnant le coupable, quel qu'il soit, de nombreuses garanties où peut-être il trouvera son salut, laisse au criminel un répit qui lui permet de tenter la révision de son procès et d'invoquer la clémence du souverain. Les formalités employées, les précautions prises pour s'assurer du condamné, les préparatifs du supplice, le supplice même sont intéressants à étudier, et représentent le dénouement du drame judiciaire dont j'ai déjà raconté les premiers actes.

Section I

Aussitôt que le président de la cour d'assises a prononcé la peine de mort, il se tourne vers le condamné et lui dit : « Vous avez trois jours pour vous pourvoir en cassation. » Après ces mots, l'audience est levée, et le condamné, livré aux gardes de Paris chargés de sa personne, est conduit à la Conciergerie. Il descend les soixante-dix-huit marches de l'escalier obscur et en vrille qui communique du Palais à la maison de justice. Traînant ses pieds sur les degrés de pierre, suivi par des soldats impassibles, c'est là souvent qu'il éclate en imprécations ou en aveux. Sa nature, qui si longuement s'est contenue pendant les débats, reprend le dessus et se fait jour. Parfois il sanglote, comme Momble, ou demeure muet et absorbé, comme Firon. Il traverse les grandes salles désertes, blanchies à la chaux, éclairées par la vive lueur du gaz, et met le pied dans la galerie de sa prison provisoire. Le directeur, les gardiens l'attendent. En présence de ces hommes qui ne sont pas nouveaux pour lui, il ne se contient guère : « Elle est jolie, votre justice ! » ou bien, pour indiquer la peine dont il est frappé, sans parler et levant les épaules, il se passe le dos de la main sur le cou. On le fait entrer dans une cellule double, à deux lits, dont l'un est toujours occupé par un autre détenu sur lequel on peut compter, un de ceux qui savent écouter et répètent volontiers ce qu'ils ont entendu.

Dès qu'un homme est condamné à mort, sa vie devient sacrée ; il faut qu'il meure, mais d'une certaine manière ; il est la proie de cet être de raison qu'on appelle la justice, il appartient à l'expiation, à l'exemple, et l'on veille sur lui avec une jalousie féroce, afin qu'il ne dérobe à la vindicte publique aucune des parcelles de l'existence qu'elle réclame. Depuis que deux bandits condamnés le même jour en 1839, Soufflard et Lesage, ont trouvé moyen de se tuer, l'un à la fin de l'audience, l'autre dans sa prison, et ont ainsi échappé à l'échafaud, l'on redouble de surveillance et de précautions. L'homme est vivement dépouillé de tous ses vêtements, qu'on jette bien vite loin de lui, afin qu'il ne puisse les atteindre, car peut-être y a-t-il caché une arme ou du poison ; rien ne trouve grâce, pas même les souliers, pas même les bas. Quand il est nu comme Dieu l'a créé, on lui fait endosser le costume des prisonniers, la dure chemise, le pantalon, la vareuse de grosse laine grise, les forts chaussons feutrés : il a l'habillement complet, sauf la cravate, sauf le mouchoir, car il pourrait essayer de s'étrangler ; puis on le contraint à mettre la camisole de force, horrible vêtement qui est bien réellement un instrument de torture. En toile à voile, peu flexible et très rêche, ne s'ouvrant que par derrière, elle est fermée par sept fortes courroies de buffle armées de boucles ; les manches, fort longues, sont closes à l'extrémité, de façon que les mains n'en puissent sortir ; de plus deux cordes solides, fixées au bout de la manchette, sont passées entre les cuisses du misérable et sont rattachées à son dos, de sorte que ses bras sont toujours collés le long du corps, et que tout mouvement lui devient à peu près impossible. Dès ce moment, il faut qu'il soit servi sans cesse, car il est tellement neutralisé que les fonctions de la vie, même les plus humbles, lui sont interdites. Nul instrument de métal n'est laissé à sa portée, et lorsqu'on le fait manger, c'est avec une cuillère de bois.

Ce n'est pas sans effort le plus souvent que l'on parvient à revêtir un condamné de la camisole ; les gardiens l'entourent, le pressent, l'étourdissent par la rapidité de leur action ; sans lutter, il résiste.

A quoi bon tant d'entraves ? que veut-on de lui ? n'est-il déjà pas assez malheureux ? Il jure qu'il ne se tuera pas ; il donne sa parole sacrée ; il demande à écrire au ministre, à l'empereur. Il y a là parfois des désespoirs si réels qu'on oublie les crimes de ce malheureux et qu'on n'éprouve plus pour lui qu'un sentiment de pitié infinie. C'est le règlement, lui dit-on, il faut s'y soumettre, plus tard on verra ; si sa conduite est bonne, on fera peut-être une exception en sa faveur. Le codétenu intervient à son tour. « Laisse-toi faire, va, ça n'est pas si dur que ça en a l'air, on s'habitue à tout. » Il n'est peut-être pas un de ces hommes qui, enfin revêtu, ne se soit appuyé contre la muraille et n'ait dit en soufflant avec effort : J'étouffe là dedans. C'est là le vrai supplice, et qui doit durer jusqu'à la dernière demi-heure, car cette camisole qui entrave et paralyse tous ses gestes, instinctifs ou réfléchis, qui, jour et nuit, à chacun de ses mouvements, dans la veille comme dans le sommeil, lui rappelle qu'il va mourir, il ne la quittera qu'au moment de monter sur l'échafaud. Et pourtant il n'est point seul dans sa cellule ; à toute minute, il est en présence de son codétenu qui lui sert d'auxiliaire, d'un gardien et d'un garde de Paris à qui l'on a fait retirer son sabre ; de plus, si la porte est close, le guichet en est ouvert et un gardien placé dans la galerie se promène incessamment devant la porte.

Il est bien rare que le condamné ne tombe pas presque immédiatement dans un abattement profond. Il est à bout de forces ; il a tant lutté pendant l'instruction, pendant les débats ; il a entassé tant de mensonges qui se sont écroulés sur sa tête, il a imaginé tant de ruses dont on s'est servi pour le vaincre, il s'est tellement dominé pour ne point laisser échapper les violences qui bouillonnaient en lui, il est si découragé, si las, si anéanti jusque dans ses moelles, que, semblable à un animal trop longtemps poursuivi par les chiens, il se laisse tomber et s'endort d'un sommeil de plomb. Aussi, lorsque le soir même de sa condamnation on lui parle de signer son pourvoi, il refuse énergiquement, il s'impatiente, il hoche la tête : me pourvoir, ah ! bien oui ! J'en ai assez comme cela, je ne demande qu'à en finir. Il a compté sans l'espérance, qui jamais ne meurt, même dans les cœurs les plus désespérés. Le directeur de la Conciergerie insiste, car il n'est pas à son aise devant la responsabilité qu'un condamné à mort fait peser sur lui ; puis l'avocat vient, il a découvert des cas de cassation qui sont de nature à autoriser le renvoi devant une autre cour d'assises qui, plus éclairée ou moins prévenue, ne prononcera pas la peine irrémissible. Ceux qui ont refusé d'en appeler à la juridiction suprême sont bien rares ; on en connaît cependant, entre autres Jadin, qui ne voulut jamais se pourvoir, afin d'échapper plus vite au fantôme de sa victime qui le hantait jour et nuit ; en général on a promptement raison des résistances du condamné : tout en ayant l'air parfois de faire une sorte de grâce à son avocat, il cède, il signe.

La justice, qui garde dans sa maison le condamné tant qu'il ne s'est pas pourvu, le remet au préfet de police, pouvoir exécutif, aussitôt que les pièces sont en règle. Toujours vêtu de la camisole de force et transporté dans une voiture cellulaire, il est conduit et écroué à la Grande-Roquette, dans un quartier qui est exclusivement réservé aux condamnés à mort ; par une sorte d'ironie que sans doute l'architecte n'a pas cherchée, ce quartier, isolé de tous les autres, touche à l'infirmerie. Il y a là, au-delà des cours et derrière des verrous qui défient l'effraction, trois cellules, propres, aérées, fort grandes, — dix pas de long sur cinq de large. Une couchette, une table, deux ou trois chaises, un poêle, meublent cette chambre, peinte en jaune et éclairée par une fenêtre grillée, treillagée et placée assez haut pour qu'un homme ne puisse l'atteindre que très difficilement. Comme à la Conciergerie, le condamné n'a pas une minute de solitude ; toujours il a près de lui un gardien et un soldat du poste de sa prison, qui sont relevés de deux en deux heures. Il est assez difficile de comprendre ce que le soldat fait dans cette cellule, près d'un condamné à mort ; le temps qu'il y passe équivaut pour lui à une faction. C'est une besogne administrative cependant ; elle doit peser tout entière sur les gardiens dont c'est le métier, qui sont choisis, payés pour cela, et à moins de cas de force majeure elle ne devrait point incomber à des militaires, pour qui elle est sans prétexte et souvent pénible. La fenêtre donne sur le premier chemin de ronde, et si le condamné pouvait regarder par les vitres, il verrait qu'une sentinelle surveille cette baie garnie de fer et ouverte dans une muraille en pierres meulières de 2 mètres d'épaisseur ; les précautions sont bien prises, et il faudrait l'anneau de Gygès pour déjouer une surveillance si activement soupçonneuse.

Dans sa cellule, l'homme est laissé libre, si ce mot peut s'appliquer à un tel état ; il fait ce qu'il veut, il dort, il se lève, il se couche, il fume, il lit, il parle, il se tait, selon sa fantaisie ; s'il veut se promener, il a pour lui tout seul une sorte de cour au milieu de laquelle s'épanouit un massif de lilas de Perse, entourée aussi de galeries qui permettent l'exercice à l'abri du mauvais temps. Instinctivement et sans effort, on agit à son égard avec une grande douceur ; ne doit-il pas bientôt mourir ? à quoi bon alors être trop sévère ? Il est absolument soustrait au monde extérieur. A moins d'autorisation spéciale, qu'on n'accorde, à proprement dire, jamais, il ne voit personne. Le directeur lui rend visite, et, autant que les règlements le permettent, satisfait à ses désirs ; mais il est défendu expressément aux gardiens et aux soldats qui l'approchent de lui parler des choses du dehors ; il est là comme un mort anticipé dans son tombeau. Quand il oublie, quand la réalité ne le saisit pas trop impérieusement, il cause avec ses gardes. De quoi parle-t-il ? De son crime sans doute, de ses regrets, de ceux qu'il laisse après lui, car, si dénué qu'on soit, on a toujours quelque lien qui vous tient au cœur ? Nullement. Semblable aux vieillards qui, devant la tombe entr'ouverte, font invinciblement un retour vers le passé, il parle de son enfance, de sa jeunesse, des premières émotions de sa vie ; alors il s'émeut, sa destinée lui apparaît, et parfois il pleure à sanglots.

Ceux qui affectent le cynisme et qui disent : Après tout, ça m'est bien égal ! mentent aux autres pour essayer de se mentir à eux-mêmes et n'en sont pas moins troublés. Il n'y a qu'à les voir ; tous sans exception, ils ont un geste qui les trahit ; qu'ils parlent ou qu'ils restent silencieux, à chaque instant ils secouent brusquement la tête comme s'ils voulaient rejeter leurs cheveux en arrière, mais en fait pour chasser une idée tenace, persévérante, que rien ne lasse, qui subtilement profite de toutes les inflexions de la pensée pour revenir, s'imposer et s'emparer de l'être tout entier. Bien souvent, pour vaincre cet invincible ennemi, le condamné essaie de lire. S'il est illettré, on feuillette devant lui des livres à images que ses yeux regardent et ne voient pas. S'il sait lire, il demande des voyages, des romans, ceux de Fenimore Cooper surtout, qui l'arrachent à son milieu, l'emmènent dans un monde d'aventures, chez des peuples où la loi est embryonnaire, où il est glorieux de tuer, où pour vivre il faut lutter, combattre, où toute fortune est promise au plus hardi, au moins scrupuleux ; mais il a beau se raidir, s'astreindre à relire la même page, le sens lui échappe : trop plein de sa propre histoire, il n'a pas compris celle que l'auteur a racontée. Parfois, — Momble était ainsi, — il s'absorbe dans la lecture et dans l'étude des livres de prières, dont il s'efforce de se pénétrer. Qu'y cherche-t-il ? Une consolation peut-être, à coup sûr une espérance de pardon, une promesse de vie future et de délivrance.

Il est un homme qui a de droit ses grandes entrées dans la cellule des condamnés à mort, c'est l'aumônier de la Roquette, à qui revient le pénible devoir d'accompagner le malheureux jusqu'à la première marche au-delà de laquelle l'éternité commence. Le prêtre qui remplit aujourd'hui cette douloureuse mission est un saint. Sans grand espoir peut-être d'amener au repentir des âmes si violemment écartées du bien, il cherche, à force de charité, de patience, de douce énergie, à faire entrer quelques notions humaines dans ces cerveaux atrophiés. Ceux mêmes qui l'ont repoussé le plus durement, qui aux premiers jours ont dit : « Je ne crois pas à toutes ces bêtises-là, c'est bon pour des femmes, » finissent par subir l'ascendant de son inépuisable mansuétude. A. voir ce vieillard chétif et suppliant qui les conjure de penser à leur âme immortelle, qui leur parle d'un Dieu qui lui-même souffre quand il ne peut pas pardonner, qui ne demande au coupable, pour le faire asseoir à sa droite, qu'un instant de repentir sincère, plus d'un a été ému, s'est abandonné au soulagement de pouvoir enfin montrer sans réserve et sans danger toutes les gangrènes qui le rongeaient. Avec un tel homme, on est sans défiance, on sait qu'il ne répétera pas les confidences qu'il a entendues. Les condamnés à mort le connaissent, ne serait-ce que par ouï-dire. Ils ont appris de leurs gardiens qu'il couche sur une paillasse parce qu'il a vendu jusqu'à ses matelas pour donner quelque argent aux pauvres prisonniers. Ils savent qu'il les accompagnera non-seulement à l'échafaud, mais au cimetière qui leur est réservé, et qu'il bénira la terre qui doit se refermer sur leur cadavre mutilé. Aussi est-il accueilli par eux avec une sorte de joie respectueuse. A-t-il sauvé beaucoup d'âmes ? C'est le secret de Dieu ; mais la violence et l'hypocrisie marchent de conserve moins rarement qu'on ne croit, et plus d'un condamné a dû insister pour voir l'aumônier le plus souvent possible, faire éclater son désespoir devant lui, se frapper la poitrine, demander des pénitences exagérées, dans l'espoir vague qu'un tel repentir, si vivement affiché, pourrait être porté à la connaissance des chefs mêmes de la justice, et ne pas être inutile lorsque l'heure serait venue de discuter le recours en grâce.

Les jours sont longs entre quatre murs et dans les étreintes de la camisole de force, ils passent trop rapidement cependant au gré du condamné qui les compte et qui suppute combien d'heures il lui reste encore à vivre. Quoique nul ne lui parle de ce qu'il appelle « son affaire, » il sait qu'on s'en occupe, que son avocat a réuni le faisceau de faits qui peuvent entraîner la cassation de la procédure, que la cour suprême va bientôt prononcer. Vingt, trente, parfois trente-cinq journées, toutes semblables, monotones et néanmoins agitées, se sont écoulées ; le temps est proche. Son inquiétude nerveuse s'accroît, il devient irritable. Le matin, quand on entre dans sa cellule pour relever les hommes de garde, il tressaille ; pendant la nuit, quoiqu'il soit si éloigné, si bien séparé de l'extérieur par deux chemins de ronde et par deux murs d'enceinte que nul bruit ne peut parvenir jusqu'à son oreille, il écoute et il croit entendre un marteau qui cloue des planches : obsession permanente et qui s'accentue souvent jusqu'à devenir une souffrance physique. Dans ces moments, lorsqu'à la lueur du quinquet qui brûle sans cesse, on le voit en proie à ces appréhensions terribles, on redouble de soins pour lui, on lui parle, et, comme le disait un vieux gardien, qui a vu passer bien des condamnés, on « essaie de le distraire. »

Cependant la justice poursuit son œuvre. La cour de cassation, jugeant au criminel, écoute un avocat qui argumente, fait valoir les moyens de nullité et demande le renvoi de l'affaire devant d'autres assises. Là, dans l'enceinte où siègent les sages de la magistrature, l'homme et son crime ne sont jamais en cause ; on ne prononce que sur des abstractions, et c'est la procédure seule que l'on examine. A-t-elle été régulière ? n'a-t-elle violé aucun des articles si minutieusement prévoyants de nos codes ? L'accusé n'a-t-il été frustré d'aucune des garanties que la loi a stipulées pour lui ? Voilà ce qui importe et ce qu'on discute en l'absence du coupable, des témoins, du jury et des magistrats de la cour d'assises. Si la cour de cassation estime que les choses se sont passées selon toutes les règles, elle formule son opinion dans un arrêt motivé, et le pourvoi est rejeté. Le ministre de la justice est alors avisé, afin qu'il fasse exécuter l'arrêt criminel prononcé contre le condamné. Tout n'est point fini encore, car il reste le recours en grâce, qui est devenu en quelque sorte obligatoire depuis la circulaire ministérielle du 27 septembre 1830. Cette circulaire, dans laquelle on reconnaît l'esprit très humain de Louis-Philippe, enjoint aux procureurs-généraux d'adresser un mémoire sur chaque condamnation à mort au garde des sceaux, qui lui-même remettra un rapport au souverain, « parce que la grâce peut être accordée dans un intérêt de justice et d'humanité. »

Au rapport du procureur-général, on joint celui du président de la cour d'assises qui a connu de l'affaire, toutes les lettres, tous les télégrammes qui ont été envoyés au ministère de la justice pour demander la commutation ou l'exécution de la peine, puis le recours en grâce au bas duquel le condamné a mis son nom, et celui que parfois le jury a signé. Le recours en grâce du jury est intéressant à étudier. Bien souvent les jurés, surpris que leur verdict, dont ils n'avaient pas apprécié toute la portée, ait entraîné une condamnation capitale, remontent dans leur salle de délibération, et là, sous le coup d'une émotion très naturelle, signent une lettre collective qui recommande le coupable à la clémence souveraine. Quand la mesure émane du jury, on le reconnaît immédiatement, car il est facile de voir que la même plume a servi à formuler la demande et à faire les signatures. Dans presque tous les cas, la demande est écrite par l'avocat, qui, battu sur le terrain légal, se rejette vers un appel à l'indulgence pour arriver à sauver son client. D'autres fois au contraire toutes les signatures accusent des plumes différentes ; c'est qu'alors l'avocat, poursuivant quand même son œuvre de salut, est allé à domicile visiter individuellement chaque membre du jury, afin d'obtenir qu'il apostillât le recours en grâce. Quelques jurés, n'osant pas refuser absolument, font suivre leur nom d'une phrase restrictive.

Toutes ces pièces réunies et formant ce qu'on nomme un dossier sont envoyées au conseil d'administration du ministère de la justice, conseil composé du secrétaire-général, du directeur des affaires criminelles et des grâces, du directeur des affaires civiles, assistés d'un secrétaire. Rien n'est négligé ; on pèse les motifs qui militent en faveur du coupable ; souvent on se fait renseigner sur l'attitude qu'il a dans sa prison, on étudie la cause à nouveau ;

c'est en quelque sorte une révision complète du procès, à la suite de laquelle on rédige un rapport qui, sur preuves discutées, conclut à la commutation de la peine, ou propose de laisser la justice « suivre son cours. » Ce rapport est transmis au ministre, qui l'accepte ou le répudie péremptoirement, et fait parvenir tout le dossier à l'empereur. Si, au bas du rapport et au-dessous du mot « approuvé, » le souverain, maître absolu d'exercer sa plus haute prérogative, se contente de signer, c'est la mort ; si, au contraire, selon la belle formule usitée encore aujourd'hui, « voulant préférer miséricorde à la rigueur des lois, » il trouve que l'expiation suprême n'est pas en proportion avec le crime commis, il indique en quelle peine il commue la peine capitale.

Ces dossiers sont instructifs à plus d'un titre, et prouvent avec quel soin tout ce qui touche à cette redoutable question de la vie humaine est étudié. Les rapports définitifs sont faits avec une impartialité extraordinaire ; on dirait qu'ils ont été rédigés par de purs esprits auxquels toute passion est inconnue. Ceux qui datent du règne de Louis-Philippe ont un intérêt spécial ; il est difficile de les parcourir sans émotion. Le roi paraphait chaque pièce, chaque feuillet du dossier, pour bien prouver qu'il en avait pris connaissance ; puis il donnait toujours par une phrase concise le résumé de son opinion et le motif qui lui faisait refuser la grâce sollicitée. Parfois même, dans les rapports qui lui étaient présentés, il découvrait des raisons d'indulgence, des prétextes peut-être (il avait horreur de la peine de mort) qui avaient échappé au ministre ; il les faisait valoir en note, et le plus souvent, dans ce cas-là, il commuait la peine. Il ne signait jamais que de ses initiales ; une seule fois il s'est départi de cette habitude, comme pour mieux affirmer qu'il ne voulait à aucun prix avoir pitié d'un criminel si profondément endurci. De sa grosse et forte écriture, sur le rapport concernant Lacenaire et concluant à l'exécution, il écrivit « Louis-Philippe, » en toutes lettres.

Aussitôt que le rapport du garde des sceaux a été approuvé par l'empereur, le procureur-général près la cour impériale de Paris en est prévenu par dépêche spéciale, et il est « prié de faire procéder sans aucun délai à l'exécution de l'arrêt de condamnation. » Le procureur-général, agissant immédiatement et d'urgence par un de ses substituts., adresse alors sept réquisitoires : 1° au préfet de police pour lui donner avis et le mettre à même de prendre les mesures nécessaires au maintien de l'ordre avant et pendant l'exécution ; 2° à l'aumônier pour l'inviter à se rendre à la prison quelque temps avant l'exécution, afin d'assister le condamné dans ses derniers moments ; 3° au commandant de la gendarmerie de la Seine, afin qu'il ait à envoyer un piquet de six hommes à cheval au rond-point de la Roquette pour assurer le bon ordre pendant les préparatifs de l'exécution, plus un piquet de vingt hommes, également à cheval, pour prêter main-forte à l'exécution, « après laquelle quatre hommes escorteront le cadavre jusqu'au lieu de sa sépulture ; » 4° au charpentier des travaux du département de la Seine, lui enjoignant de dresser l'échafaud à l'heure et au lieu indiqués ; 5° au directeur de la Roquette, pour qu'il ait à livrer le condamné à l'exécuteur ; 6° au même directeur pour qu'il ait à tenir prêt un local où le greffier de la cour impériale devra dresser le procès-verbal de l'exécution ; enfin le dernier, qui est ainsi conçu : « l'exécuteur en chef des arrêts criminels de la cour impériale de Paris extraira demain, tel jour de ce mois, de la maison du dépôt des condamnés, le nommé…, et le conduira à… heures précises du matin, au rond-point de la rue de la Roquette, où il lui fera subir la peine de mort prononcée contre lui par arrêt de la cour d'assises, le…, pour assassinat. » Une heure après que ces sinistres formules ont été écrites et signées, elles sont parvenues à destination ; c'est le soir, au dernier moment, que les dépêches sont expédiées, afin que Paris ignore le plus longtemps possible l'exécution qui se prépare.

Section II

Les cinq formes de la peine capitale, avant la révolution française, étaient l'écartèlement, le feu, la roue, la décollation et le gibet. La roue, sur laquelle le patient était attaché après avoir reçu les « six coups vifs » qui lui brisaient les bras, les avant-bras, les jambes, les cuisses, était réservée, ainsi que le gibet, au commun des malfaiteurs ; vers le commencement du siècle dernier, l'exécuteur de Paris déployait une telle élégance lorsqu'il rouait un condamné que le peuple l'avait surnommé maître Jean Roseau.[1] L'écartèlement, le

---

1 Le supplice de la roue n'entraînait parfois qu'une mort très lente. Barbier raconte dans son *Journal* (t. III, p. 402) que le 18 décembre 1742 un jeune homme resta

plus horrible supplice qu'on ait inventé en Europe, avec adjonction de tenaillements ardents et d'huile bouillante, était la punition des régicides ; le feu brûlait les sacrilèges ; la décollation, spécialement gardée pour les gentilshommes, ne comportait point l'idée d'infamie. Lorsque le comte de Horn fut condamné à la roue, sa famille insista très vivement, mais en vain, auprès du régent pour que le coupable fût décapité, afin que les cadets et les filles de sa maison pussent entrer dans l'ordre de Malte et dans les chapitres nobles de chanoinesses. Toutes ces puérilités cruelles, sévèrement maintenues par le droit coutumier, ont aujourd'hui disparu pour jamais ; l'article 12 du code pénal est formel : « tout condamné à mort aura la tête tranchée. »

Dès les premiers jours de la révolution, on se préoccupa d'infliger aux coupables un supplice uniforme ; l'humanité eut peu de part à cette résolution, un tout autre mobile dirigea les législateurs. Aux premières heures d'une ère d'égalité rêvée depuis si longtemps et enfin ouverte, ils voulaient, pour faire jouir le peuple tout entier d'un privilège étrange, jalousement défendu jusqu'alors par une caste particulière, ôter à la peine capitale cette note d'infamie qui rejaillissait sur des familles innocentes. En effet, les préjugés étaient tels encore qu'il était honteux d'avoir un frère non pas mis à mort pour ses crimes, mais mis à mort d'une certaine façon, par la corde ou sur la roue. C'était le renversement de la morale contenue dans le fameux vers :

Le crime fait la honte, et non pas l'échafaud.

Il était convenu, avéré que la hache seule laissait aux parents du coupable exécuté tous les droits dont ils pouvaient jouir ; on adopta la hache, mais la hache modifiée, devenue mécanique et agissant, pour ainsi dire, d'elle-même, sans que l'homme fût obligé de la manier. Cette préoccupation du genre de supplice et de l'infamie qui s'y rattache ressort avec une lucidité extraordinaire de toutes les discussions de l'assemblée nationale.

L'instrument qu'on appelle, « les bois de justice » fut inventé, nul ne l'ignore, par Guillotin, un médecin philanthrope et fort doux.

---

vingt-deux heures sur la roue. « On a relayé, dit-il, les confesseurs pendant la nuit, d'autant plus que la place sur un échafaud est un peu froide. » On obtint de messieurs de la Tournelle l'autorisation de l'étrangler, « ce qui a été fait ce matin, mercredi 19, à dix heures, ajoute Barbier, sans quoi il y serait peut-être encore. »

Eut-il connaissance de la *mannaja* des Génois, de la *maiden* des Écossais ? Cela est fort douteux ; il est plus probable que l'idée première de son invention lui vint en regardant des ouvriers enfoncer des pilotis à l'aide d'une chèvre (techniquement une *sonnette*), car le mécanisme est identique. Ce fut dans la séance du 28 novembre 1789 qu'il proposa sa machine à l'assemblée, qui ne paraît pas y avoir donné une grande attention. Plus tard, le 3 avril 1792, un rapport fut présenté et adopté. Dès le 17 du même mois, on fit des essais sur des cadavres et sur des animaux. Guillotin avait donné au fer la forme horizontale ; en tombant, il n'agissait guère que comme un coin ; la décollation n'était pas complète, les animaux qui servaient aux expériences n'étaient guère que mutilés et assommés. Ce fut le docteur Louis, secrétaire perpétuel de l'Académie de chirurgie, qui indiqua la forme oblique ; le problème était résolu, et dans cet horrible couperet on se complut à voir alors un emblème du triangle égalitaire. Pendant quelque temps, on appela l'instrument *la Louisette* — en l'honneur des heureuses modifications que le chirurgien Louis y avait apportées ; mais cela ne dura pas, et le nom de guillotine est devenu impérissable. Elle fonctionna la première fois pour un voleur de grand chemin nommé Pelletier, qui fut décapité le 27 mai 1792. Guillotin ne se tenait pas d'aise : plus d'infamie léguée aux enfants, plus de maladresse à redouter. Dans son enthousiasme, il dit un mot sinistre qu'on a retenu : « sans l'appréhension de la mort, on n'éprouverait aucune souffrance, car on ne ressent tout au plus qu'une *légère fraîcheur* ! » Le pauvre homme devait changer de langage, et lorsqu'il vit à quoi servait, dans ces temps d'effroyable confusion, ce qu'il aimait à appeler « son philanthropique instrument, » il fut bien près d'être désespéré. On a dit que lui-même, ayant été guillotiné, avait pu apprécier la perfection de sa machine : c'est une erreur ; il est mort à Paris, rue de la Sourdière, le 26 mars 1814, à l'âge de soixante-seize ans.

La guillotine est aujourd'hui plus légère, moins ample, plus maniable qu'autrefois ; mais c'est toujours le même instrument, et les modifications qu'on lui a fait successivement subir n'ont rien changé ni à son mécanisme particulier ni à sa forme générale. C'est une estrade carrée de 4 mètres de long sur 3m80 de large ; elle est dressée à 2 mètres du sol sur quatre chevalets. Le plancher est entouré d'une balustrade à claire-voie, on y monte par un escalier de dix marches. Aux deux tiers de la longueur s'élèvent deux montants parallèles couronnés d'un linteau qu'on appelle le chapeau ; ils ont une hauteur de 4 mètres et un écartement de 37 centimètres ; au chapeau est fixé le glaive, composé d'une lame d'acier triangulaire emmanchée à l'aide de trois boulons dans un mouton de plomb qui lui donne un poids considérable. Le mouton a 35 centimètres de large et la lame 30 à sa plus grande largeur ; la hauteur totale de l'un et l'autre est de 80. A un mètre du parquet, deux planches, placées l'une au-dessus de l'autre dans le plan vertical et percées chacune d'une demi-circonférence, offrent exactement, lorsqu'elles sont réunies, l'apparence d'une pleine lune ; la partie inférieure est fixée aux montants, la partie supérieure mobile, glissant dans des rainures latérales, peut être haussée ou abaissée à volonté. Entre les poteaux et la dernière marche de l'escalier se trouve la bascule, planche étroite, faisant directement face à la lunette. Au repos, elle est verticale ; il suffit d'un geste de propulsion pour la rendre horizontale ; en s'abattant, elle tombe sur une tablette solidement étayée, plus longue qu'elle et aboutissant aux planches de la lune. La bascule, garnie de galets, roule sur cette table, et par une action très rapide porte le cou du condamné sur la demi-lune inférieure de façon à l'y emboîter. A droite de la bascule, et y tenant par des charnières, un plan incliné est disposé de manière à prendre son point d'appui sur le bord même d'un énorme panier d'osier doublé d'une caisse de zinc et rempli de son. Sous la bascule et la lunette s'étend une auge de forme oblongue ; devant les poteaux, on place une sorte d'appareil qui ressemble à un dossier de baignoire, afin que si, par suite d'un faux mouvement, la tête échappe à l'aide chargé de la tenir, elle ne roule pas sur l'échafaud, et ne soit point aperçue du public. Tout l'instrument et les ustensiles accessoires sont peints d'une désagréable couleur sang de bœuf tirant sur le chocolat.

La bascule est garnie d'une double courroie armée de boucles afin de neutraliser la résistance possible du patient ; mais on ne s'en sert jamais, La demi-lune supérieure s'abat brusquement à l'aide d'un mécanisme fort simple mis en œuvre par un bouton qu'on n'a qu'à pousser ; le glaive est fixé au chapeau dans une pince en forme de 8 dont la partie inférieure s'ouvre quand la partie supérieure se ferme ; un cordon d'appel correspondant à un *bec de cane*, placé au-dessus et tout près du bouton de la demi-lune fait jouer un levier qui, rapprochant les deux branches supérieures de la pince, force les branches inférieures à s'écarter ; la tête du mouton glisse dans l'intervalle ouvert, et le glaive, précipité par la masse qui le surmonte, tombe avec une rapidité foudroyante qu'accélère encore l'action de galets de fer poli roulant dans des rainures de cuivre fixées le long des poteaux et faisant corps avec eux. Dans sa chute, il rase précisément la surface externe de la lunette, et vient prendre appui, par les bords plus étendus du mouton, sur deux ressorts à boudin surmontés d'un fort de en caoutchouc qui amortit le choc et en neutralise le bruit. On comprend dès lors avec quelle sécurité, avec quelle simplicité, l'œuvre terrible de la justice peut s'accomplir. Le condamné, parvenu sur l'échafaud, se trouve debout devant la bascule verticale, qui lui vient, d'une part, au-dessus des chevilles, de l'autre, à moitié de la poitrine ; en face de lui s'ouvre la lunette, dont la portion mobile est relevée. L'exécuteur pousse la bascule, qui s'abat, la roule ; la tête semble se jeter d'elle-même dans la baie semi-circulaire, un aide la saisit par les cheveux. Il reste deux gestes à faire, l'un qui presse le bouton de la demi-lune, immédiatement abaissée sur le cou du malheureux, — l'autre qui, tournant le ressort du glaive, le détache. La tête, séparée vers la quatrième vertèbre cervicale, est lancée dans le panier, pendant que l'exécuteur, d'une seule impulsion de la main, y fait glisser le corps sur le plan incliné. La rapidité de l'action est inexprimable, et la mort est d'une telle instantanéité qu'il est difficile de la comprendre. Le glaive oblique et alourdi de plomb agit à la fois comme coin, comme masse et comme faux ; il tombe d'une hauteur de 2m,80 ; il pèse 60 kilogrammes, ce qui, en tenant compte de l'action de la pesanteur, produit un *travail* équivalant à 168 kilogrammètres.[1] Le couteau fait donc le même effet que produiraient 16,800 kilogrammes tombant de la hauteur d'un centimètre. La chute, calculée mathématiquement, dure 3/4 de seconde (exactement 75.562).

On pourrait croire que l'instrument n'a besoin que d'être dirigé et qu'il fait lui-même sa sanglante besogne ; on se tromperait.

1 Le kilogrammètre est l'unité égale au travail correspondant à l'élévation du poids d'un kilogramme à une hauteur d'un mètre. Du reste voici la formule : P. h. = 60 X 2,80 = 168.

L'homme qui a reçu la mission de faire subir la peine capitale doit déployer une grande adresse et une force peu commune. D'une seule main il doit contenir le condamné, et ce n'est pas toujours facile. Lescure, guillotiné en 1854, lutta, saisit entre ses dents la main droite de l'exécuteur et lui fit une morsure profonde dont celui-ci porte encore la cicatrice ; Avinain, l'horrible boucher qui coupait ses victimes en morceaux et les jetait à la Seine, se détourna si violemment qu'on fut obligé de le saisir à deux mains par les épaules pour l'immobiliser. Rarement les condamnés se mettent ainsi en résistance, mais, quel que soit leur abattement ou leur résignation, l'instinct vital subsiste et se défend. Tous sans exception, quand ils n'ont pas perdu connaissance, une fois qu'ils sont basculés, dans cet instant si rapide que l'œil peut à peine l'apprécier, obéissent à un mouvement involontaire, inconscient, et qu'on pourrait appeler fatal. Au lieu de porter la tête en avant, ils la rejettent à droite, fuyant ainsi l'exécuteur qui est debout à leur gauche, et au lieu de se placer dans la demi-lune ils vont buter contre le poteau. Il faut alors les ramener dans la position qu'ils doivent occuper, les ajuster, selon l'affreuse expression du métier, et ce seul effort, accompli avec une vivacité plus prompte que la pensée, nécessite une force extraordinaire. — Après chaque exécution, j'ai les saignées brisées, dit l'exécuteur. — Les rôles sont distribués d'avance entre les acteurs de cette lugubre tragédie ; l'un des aides saisit la tête, l'autre soulève la bascule par en bas et pèse sur les jambes du patient, pendant que l'exécuteur hâte le dénouement. Tous ces mouvements combinés, différents les uns des autres, accomplis par trois personnes, concourant au même but, doivent être faits avec une simultanéité irréprochable, sinon les plus graves inconvénients pourraient en résulter.

Il n'y en a pas à redouter avec l'exécuteur en chef actuel des hautes œuvres de la justice ; on peut lui appliquer le mot dont Suétone a frappé Caligula : *decollandi arlifex*. C'est un colosse, il a plus de six pieds de haut ; il a le sang-froid, la vigueur et l'adresse. A voir sa grande taille, ses fortes épaules, ses cheveux blancs, ses larges mains, qu'il a fort belles et très soignées, on se prend à regretter qu'il ne porte pas le surcot rouge et la capuce des tortionnaires du moyen âge. Comme s'il était en deuil de ceux que la justice lui a livrés, il est couvert de vêtements noirs qui sont d'une propreté recherchée. Il est très réservé d'attitude, ingénieux du reste et inventeur ; il a apporté au triste instrument qu'il gouverne des améliorations notables et qui ont profité aux condamnés. Il a beau se dire qu'il est le représentant de la justice, et que pour l'acte suprême de son ministère elle lui a confié le glaive impeccable qui ne doit jamais frapper à faux ; il n'en est pas moins ému et troublé chaque fois qu'il va tuer un homme. A la suite de presque toutes les exécutions, il est malade pendant plusieurs jours.

Le temps n'est plus où il était interdit à l'exécuteur d'habiter dans l'intérieur des villes. Il faut qu'il y vive au contraire à la disposition de la justice, qui doit pouvoir l'appeler et le requérir à toute heure de jour et de nuit. Il est chargé des exécutions dans les sept départements ressortissant à la cour impériale de Paris. On ne croit plus, comme au siècle dernier, qu'il tient table ouverte pour les gentilshommes pauvres, on ne va plus lui demander de quoi composer des philtres et des onguents mystérieux ; mais il n'en est pas moins un personnage ténébreux et redouté sur qui pèse une sorte de déchéance injuste, — car, si la loi doit être exécutée, il lui faut bien un exécuteur, — et que M. de Maistre n'a pu relever dans l'opinion publique en disant qu'il est la clé de voûte de l'édifice social. C'est un humble et terrible fonctionnaire qui, pour accomplir sa tâche, sort momentanément de l'ombre où il se complaît. Il est peu payé, même misérablement, si l'on songe à ce qu'il est obligé de faire. Avant la révolution, l'exécuteur percevait sous le nom de *havage* ou de *riflerie* un droit sur les céréales apportées à Paris, qui lui valait environ 17,000 livres par an. C'était là son traitement fixe, indépendamment des *factures*, à prix débattu, que le parlement lui faisait payer après chaque exécution. Aujourd'hui il a un abonnement de 9,000 francs pour entretenir, loger, transporter les bois de justice, fournir ce qu'on nomme les accessoires, conduire le cadavre au cimetière, solder les charpentiers ; de plus il a un traitement annuel de 4,000 francs ; ses deux aides sont payés 1,500 francs chacun.

Pour serrer la vérité d'aussi près que possible dans cette étude, j'ai suivi toutes les phases d'une exécution, et je prie le lecteur de m'en savoir quelque gré. Il me suffira de les raconter, car ces spectacles solennels offrent tous les mêmes péripéties, et passent dans un ordre immuable, fixé d'avances sous les yeux du public. Dès qu'on a su par les journaux que le pourvoi en cassation était rejeté, chaque soir des groupes de curieux se sont réunis place de la Roquette et ont attendu ; vers une heure du matin, voyant que rien d'anormal ne se produisait, ils se sont dissipés ; avant le jour, d'autres sont venus, et sont partis désappointés à travers les rues désertes. Un soir cependant, vers onze heures, on a vu des hommes porteurs d'une lanterne inspecter le pavage qui s'étend devant la prison ; des sergents de ville, sous la conduite d'un officier de paix vêtu de son élégant costume, ont pris position çà et là à l'angle des rues. Nul doute, « c'est pour demain matin. » Les plus avisés, ceux qui ne veulent perdre aucun détail, se rendent rue Folie-Regnault et s'installent en face d'une grande masure. C'est là, en effet, dans un vaste hangar volontiers fréquenté par les araignées, mal défendu contre les intempéries par un vitrage à moitié défoncé, que sont remisés les bois de justice. On les charge dans un fourgon en ayant soin d'y joindre un double glaive, car un accident pourrait survenir, auquel il faudrait parer immédiatement. Dans une autre voiture couverte et fermée, assez semblable à celles dont les grands magasins de nouveautés font usage aujourd'hui pour transporter leurs marchandises, on a placé le panier qui doit recevoir le corps du supplicié et lui servir de cercueil jusqu'au cimetière. Vers minuit, tout est prêt ; l'exécuteur veille à ce que rien ne soit oublié ; ses aides sont à côté de lui, l'équipe des ouvriers charpentiers est au complet. On ouvre la porte charretière à deux battants, et le lugubre cortège se met en marche.

L'exécuteur, reconnaissante à sa taille exceptionnelle, attire tous les yeux. Des jeunes gens, des enfants, curieux et peu réservés, le devancent, se retournent pour le mieux voir et s'approchent de lui. Il lui suffit de relever la tête et de les regarder ; ils s'arrêtent, reculent et s'éloignent. En cinq minutes, on est sur la place de la Roquette, devant la porte de la prison. Des groupes indiscrets se massent sur l'emplacement même où l'échafaud doit être dressé ; des sergents de ville les font refluer jusqu'au-delà des trottoirs qui bordent la rue Gerbier et la rue de la Vacquerie ; sur la place même, qui s'étend jusqu'à la maison des jeunes détenus, on ne tolère personne. Les bois ont été retirés par faisceaux numérotés de la voiture qui les contenait ; à la lueur douteuse de deux lanternes, on commence l'opération, qui dure trois heures. Les chevalets sont placés, on assujettit la fourche qui soutient le plancher au-dessous de l'endroit précis où s'appuient les montants et où le choc doit se produire ; avec grand soin, au fil à plomb, on équilibre ces fondations de la charpente, car la moindre déviation, détruisant le parallélisme des deux poteaux, pourrait neutraliser l'action du glaive en l'empêchant de glisser dans les rainures avec la force irrésistible qui doit l'entraîner. Toutes les pièces, jointes par des boulons, sont faites pour être assemblées sans qu'on soit forcé d'employer le marteau ; mais il arrive parfois qu'elles ont *joué*, et, pour les réunir, on les frappe à coups de maillet ; alors, dans la foule qui augmente d'instant en instant, chacun lève la tête et se hausse sur les pieds pour mieux voir.

Le lieu est sinistre par lui-même et semble avoir été choisi pour produire une impression profonde. Derrière l'échafaud s'allonge dans sa morne laideur la haute muraille du dépôt des condamnés ; c'est là que sont renfermés momentanément ceux que la cour d'assises de la Seine envoie, pour expier leurs crimes, dans les prisons centrales, au bagne de Toulon, dans les colonies pénitentiaires de la Nouvelle-Calédonie ou de Cayenne la pestiférée. En face, un mur d'enceinte non moins élevé, non moins triste d'aspect, entoure la prison des jeunes détenus, où, dans des cellules isolées, étroitement surveillées, des enfants font le corrupteur apprentissage de la vie du crime et des chiourmes. Il est difficile de ne pas se dire que pour plus d'un c'est là le point de départ d'une route qui aura sa station au dépôt des condamnés, et sa dernière étape sur l'échafaud même. A gauche, la longue rue de la Roquette, bordée d'humbles masures fermées où pendant le jour s'agitent les industries funéraires, marbriers, marchands de couronnes d'immortelles, s'enfonce dans la nuit, que combat à peine la clarté des réverbères. A droite, la rue monte et meurt au pied de la colline où verdoie la haute-futaie du Père-Lachaise. C'était pendant l'été ; les constellations cheminant dans le ciel pur semblaient, de leurs grands yeux d'or, regarder la laide besogne qu'on faisait sur la place. Toutes les lumières des maisons étaient éteintes ; à peine çà et là quelques lueurs errantes apparaissaient aux fenêtres des cabarets, où des curieux privilégiés avaient trouvé, à prix d'argent, un bon endroit pour bien voir. La foule, singulièrement grossie, s'agitait dans l'ombre. Elle est ignoble, cette foule, il n'y a pas d'autre mot pour la qualifier. Des hommes, des enfants se couchent contre le rebord des trottoirs et tâchent de dormir une heure ou deux en attendant que le moment soit venu ; d'autres, ayant ramassé quelques menus bois, font chauffer du café et du vin, chantent, s'interpellent, échangent des plaisanteries dont la niaiserie seule égale l'obscénité ; à quelques cris de femmes mêlés à des rires, on peut facilement imaginer ce qui se passe dans certains groupes où les curieux sont plus pressés. De quoi se compose cette tourbe que Paris jette vers la place de la Roquette pendant la nuit qui précède les exécutions ? De gens du quartier alléchés par le spectacle et qui sont là, comme ils le disent eux-mêmes, en voisins, — de rôdeurs de tout genre, vagabonds, filous et mendiants qui, ne sachant où trouver un asile, viennent dépenser là les heures d'une nuit qu'ils auraient sans doute passées sous un pont, aux fours à plâtre des carrières d'Amérique ou dans le *violon* d'un poste de police. Les femmes y sont nombreuses, filles insoumises, coureuses d'aventure, faisant la débauche le soir, le jour le *vol à la détourne*, j'en ai vu qui portaient sur leurs bras de tout petits enfants, et donnaient sans effort la repartie aux propos salés qu'on leur lançait. Il y a là aussi des filles de la haute prostitution et ceux qui les hantent ; au sortir d'un café à la mode du boulevard des Italiens, elles ont rencontré un gamin ou un cocher de fiacre qui les a prévenues qu'une exécution capitale se préparait ; il leur a offert, moyennant 20 francs, de les conduire près de la Roquette ; avec joie, elles ont accepté cette partie de plaisir et elles sont venues. Celles-là et leurs compagnons ne sont pas un moins triste spectacle ; leur visage, où la peinture effacée laisse transparaître un teint jaune et morbide, leurs belles toilettes fripées par le frôlement de la foule, la fatigue de leurs traits flétris, montrent le vice à nu, dans ce qu'il a de moins excusable, de plus provoquant. A l'exécution de La Pommeraye, il y en eut qui apportèrent de quoi souper, sans oublier le vin de Champagne.

Il faisait presque froid. L'exécuteur, assis devant la muraille de la Grande-Roquette sur une chaise, avait regardé dresser l'échafaud sans dire une parole et sans mettre la main à la besogne. Le chef de l'équipe vint le prévenir que tout était terminé, il gravit alors les marches et il apparut sur la plate-forme. Minutieusement il examina toutes les parties de la machine, fit jouer le glaive qu'on laissait lentement glisser, et sur lequel il appuyait fortement de la main pour en assurer le jeu régulier. Promenant sa lanterne devant chaque boulon, autour des jointures, essayant les ressorts, donnant à toute chose, en un mot, le coup d'œil du maître, il reconnut que nul accident n'était à redouter. Quelques soldats sortis du poste tournaient autour de l'instrument du grand supplice ; ils se parlaient à voix basse, comme on fait involontairement dans la chambre d'un mort, et se montraient du doigt l'énorme couteau remonté, dont la forme triangulaire paraissait formidable. Vers trois heures du matin, une rumeur prolongée sortit de la foule ; un bruit rythmique de pas scandés s'accusa, que dominait le hennissement des chevaux. C'était la garde de Paris qui arrivait ; 120 hommes à pied, 80 à cheval, ouvrirent la masse des curieux et se déployèrent sur la place. Quelques commandements retentirent, on entendit le froissement métallique des fusils, et les pelotons allèrent prendre position. 120 sergents de ville d'arrondissements, 70 de la brigade centrale, sous la conduite de 4 officiers de paix, maintenaient l'ordre et bordaient les trottoirs, au-delà desquels ils repoussaient les impatiens. Un peu plus tard, 26 hommes à cheval de la gendarmerie de la Seine, grandis par leur incommode bonnet à poils, vinrent former un demi-cercle en face de l'échafaud. A chacun de ces incidents nouveaux, une émotion nouvelle vous saisit, car on sent que le drame s'accélère, et qu'il touche à sa fin.

Nul fonctionnaire de la prison ne s'est couché, ni le directeur, ni le greffier, ni les gardiens. Dans le premier guichet, on cause du condamné. C'est un homme qui va mourir, et qui peut-être avait encore de longs jours à vivre ; on le plaint sans même chercher quels ont été ses crimes. Chacun émet son opinion sur l'attitude qu'il aura au moment suprême, et la plupart disent : *Il planchera* (il montrera de la faiblesse). Un gardien arrive ; il vient d'être relevé de sa veille, il quitte le malheureux. A la fois tout le monde lui demande : Comment est-il ? — Il est triste, il ne dort pas, il est inquiet, il se méfie de quelque chose ; quand je suis parti, il m'a dit : Adieu, je vois bien que ça ne peut plus tarder ; nous ne nous reverrons pas, et cependant moi, à la place de l'empereur, je ferais grâce ! — Jusqu'à la dernière seconde, c'est là l'idée poignante qui les torture : aurai-je ma grâce ? pourquoi ne l'aurais-je pas ?

Le pâle crépuscule du matin a blanchi le ciel ; la foule est hideuse à contempler ; les faces hâves, fatiguées, ont un aspect morne et hébété qu'on ne peut guère voir sans dégoût ; elle s'ouvre pour laisser passer un petit homme vêtu d'une soutane ; on s'écarte avec respect, quelques têtes se découvrent, c'est l'aumônier. Rapidement, évitant de regarder l'échafaud, il se dirige vers la Roquette et pénètre dans le premier guichet. La justice elle-même, je l'ai dit, le prévient et l'invite à donner les consolations dernières à celui qui va mourir. Autrefois il n'en était pas ainsi. Barbare, violente, anticipant sur la volonté de Dieu, la justice française ne se contentait pas de tuer le corps, elle cherchait à tuer l'âme ; elle oubliait que saint Paul a dit : « Je condamne celui qui a péché, et je le livre à Satan pour la mort de sa chair, afin que son esprit soit sauvé au grand jour du Seigneur ! » Elle refusait au condamné l'assistance d'un prêtre qui pût rassurer ce cœur anxieux et lui donner l'absolution. Ce fut Charles VI qui, le premier, sur les instances de Pierre de Craon, promulgua, le 12 février 1396, une ordonnance qui déclarait qu'à l'avenir les condamnés à mort pourraient être confessés avant d'être menés au supplice. Entré dans le guichet, où chacun s'est levé à sa vue, l'aumônier dépose sur une planchette le surplis qu'il revêtira pour aller au cimetière donner l'absoute au corps sur lequel nulle prière solennelle ne sera dite dans les églises. Il échange quelques paroles avec les gardiens, il évite de parler du condamné, et, comme pour fuir les regards qui le cherchent involontairement, il s'asseoit dans un coin, absorbé par la lecture de son bréviaire.

Section III

À quatre heures, le chef du service de sûreté arriva, et alors on vit revenir l'exécuteur, qui s'était absenté ; il reprit sa place devant les murs de la Roquette, assis, l'air souffrant et préoccupé. Le ciel, si brillant pendant la nuit, s'était couvert ; un vent violent de nord-ouest passait par rafales, et chassait les nuages amoncelés qui semblaient se perdre derrière les hauteurs boisées du Père-Lachaise. Les officiers se promenaient désœuvrés, causant entre eux, avec l'air de vague ennui de ceux qui accomplissent une corvée obligatoire. Vers quatre heures et un quart, le commissaire de police du quartier, le greffier de la cour impériale, le directeur du dépôt des condamnés, le chef du service de sûreté, l'aumônier visiblement troublé, étaient réunis dans le premier guichet de la prison. Le directeur, le chef de la sûreté, consultaient leur montre ; lorsque l'aiguille fut sur quatre heures et demie, ils dirent : Il est temps, et l'on se mit en marche.

On traverse la grande cour, le second guichet, les couloirs bordés de cellules où le bruit des pas a dû réveiller plus d'un détenu, et par un étroit escalier tournant l'on arrive au quartier de l'infirmerie. Un porte-clés en ouvre la porte avec mille précautions pour ne pas troubler à la dernière minute de son sommeil celui qui bientôt va entrer dans la nuit qui ne finit pas. La porte de sa cellule était entrebâillée, on entra ; l'homme, couché sur le dos dans son petit lit, paraissait assoupi. Le chef du service de sûreté lui dit : « Votre pourvoi a été rejeté par la cour de cassation, votre recours en grâce n'a point été accueilli, l'heure est venue. » Comme poussé par un ressort qui se détend, il se redressa brusquement et se tint assis, muet, regardant autour de lui, immobile dans sa camisole de force. L'aumônier le saisit dans ses bras, lui donna le baiser de paix et murmura : « Du courage, fiez-vous à la miséricorde divine. » Le chef de la sûreté reprit : « Il faut vous lever. » Sans dire un mot, sans faire un geste qui indiquât, non pas la résistance, mais seulement une velléité d'hésitation, l'homme sortit de son lit. Les gardiens l'habillèrent, non point avec le costume de la prison, mais avec ses propres vêtements qu'on avait apportés. On lui enleva la camisole de force ; quand il vit ses mains nues, il les contempla avec une sorte de sentiment de pitié ; elles étaient solides, bien dessinées, aptes aux œuvres de l'adresse et de la force. On eût dit que pour lui elles étaient l'emblème de la vie même, et qu'il pensait : quoi ! si tôt ! tout va-t-il finir ? Lorsqu'on lui eut passé sa chemise, on le fit rentrer dans la camisole, opération lente et cruelle qui prolonge le supplice et ne sert à rien. Pendant tout ce temps, l'aumônier lui parlait à voix basse ; l'homme l'écoutait, mais n'avait pas encore desserré les lèvres. Le visage n'était point décomposé, l'œil était calme, la pâleur n'avait rien d'excessif ; l'âme qui habitait ce corps robuste, modelé avec une vigueur élégante et destiné à vivre cent ans, n'éprouvait évidemment ni colère ni révolte ; elle était résignée, préparée, et peut-être, malgré l'inévitable angoisse, satisfaite d'être enfin délivrée. Lorsqu'il fut vêtu et chaussé, l'homme fit un imperceptible mouvement de tête qui signifiait : me voilà, marchons ! En ce moment, le chef de la sûreté lui dit : « Avez-vous quelque chose à révéler qui puisse éclairer la justice ? » Alors et pour la première fois depuis qu'on avait pénétré dans sa cellule, il parla. Il récrimina contre un témoin qu'il accusait de « son malheur, » contre sa propre fille, qui l'avait cruellement chargé pendant l'instruction et les débats. Le prêtre s'approcha, mettant un doigt sur ses lèvres avec un geste de silence, l'entraîna dans un coin, et lui murmura quelques mots à l'oreille. Le malheureux inclinait la tête, mais sans faiblesse ; pendant quelques secondes, il ferma les yeux comme pour mieux se pénétrer des paroles qu'il entendait. Tous les assistants étaient silencieux et recueillis. On fit un signe au prêtre, qui comprit. Le condamné, debout, jeta un regard sur sa cellule, et un faible frémissement passa sur ses lèvres serrées ; il s'approcha de deux gardiens et leur dit en tendant vers eux ses mains emprisonnées dans les manches fermées de sa camisole : « Adieu, vous avez été bons pour moi, je vous remercie. » L'un d'eux, un jeune homme, se détourna pour cacher ses larmes et ne put répondre ; l'autre, un vieillard tout blanc, éclata en sanglots.

On s'écarta devant l'homme, qui prit la tête du cortège, ayant à ses côtés un gardien et l'aumônier. Tous les assistants suivirent. Dès qu'il eut franchi le seuil de son cabanon, il se trouva dans la grande antichambre qui précède les trois cellules spécialement réservées aux condamnés à mort, cellules de lugubre mémoire, où Pianori, Orsini, Verger, La Pommeraye, Philippe, Lemaire, Avinain et tant d'autres ont vécu leurs dernières heures. L'aumônier entraîna rapidement l'homme dans une des cellules entr'ouvertes, et referma la porte sur lui ; là, sans doute, en vertu du pouvoir qui lie et délie pour la terre et pour le ciel, il donna l'absolution à celui qui n'avait plus rien à attendre que de Dieu. Il dut lui imposer les mains et prononcer les paroles d'espérance extra-humaine qui font le cœur vaillant et raffermissent les courages près de défaillir. Cela ne dura pas une minute, car les instants étaient comptés ; la mort et la justice doivent se rencontrer exactement au rendez-vous qu'elles se donnent. On se remit en marche, on traversa le portique qui longe le petit jardin, où les lilas frissonnaient au souffle de l'aigre brise du matin ; on monta l'escalier étroit et tournant. L'homme allait d'un pas ferme et résolu, les épaules resserrées et penchées par la camisole de force, qui le tirait en avant. Dans le corridor des dortoirs, les pas résonnant avec un bruit mat et régulier éveillaient sans doute d'étranges méditations dans l'âme des détenus ; on échangeait quelques paroles à voix basse : « Il va bien ! — Je ne l'aurais pas cru. — Il ne *planchera pas* ! » Quelqu'un regarda sa montre et dit : « Nous sommes en avance. » Au moment de descendre les degrés qui aboutissent dans l'avant-greffe, l'homme se retourna, chercha des yeux le directeur de la prison, et, l'ayant aperçu, lui dit : « Il vous reste quarante-quatre francs à moi, je vous prie de les envoyer à mon frère. — Je les enverrai, répondit le directeur. — J'y peux compter, n'est-ce pas ? — Vous pouvez y compter ! — Mon fils, pensez à Dieu, » dit le prêtre. On entra dans la petite pièce oblongue qui forme l'avant-greffe. Elle était vide ; au milieu, il y avait un tabouret. De lui-même, avec l'abnégation passive et inconsciente d'un mouton qu'on mène à l'abattoir, l'homme s'assit.

La haute stature de l'exécuteur des arrêts de la justice apparut sur le seuil. Il entra, le chapeau à la main, suivi de ses aides, dont l'un portait un tout petit sac en moquette. L'exécuteur regarda l'homme attentivement, le toisa, en fit le tour avec les yeux, et eut un imperceptible signe de tête qui disait : J'en réponds ! On commença *la toilette*. Les aides étaient debout derrière le condamné comme pour surveiller ses mouvements. L'un d'eux, un vieux qui avait des gestes d'une lenteur insupportable, mit le petit sac sur une table, fouilla dans sa poche, y prit une clé, ouvrit le sac, en tira des courroies en buffle blanchi armées de boucles et une paire de ciseaux entourée d'un papier qu'il développa avec précaution. Il s'agenouilla. Son dos courbé, les rides de ses joues pendantes, ses cheveux rares et d'un gris terne contrastaient avec le cou musculeux, la large poitrine, les cheveux bruns et frisés de celui qui subissait ces apprêts funèbres. L'aide lui attacha au-dessus des chevilles deux sangles en forme de bracelets, reliées entre elles par une courroie longue de 30 centimètres ; puis on enleva au malheureux la camisole de force. On lui dit de se lever, il se leva ; on lui joignit les deux poignets derrière le dos. Un ardillon de boucle lui entra dans la chair, il jeta un cri ; son visage, impassible jusque-là, se contracta. Il eut dans les épaules un geste non de colère, mais de vive contrariété, et d'une voix très douce, un peu sourde, il dit : « Ne me faites pas mal, monsieur, je vous en prie ; si l'on voit que je souffre, je serai encore plus déshonoré. » Les assistants s'entre-regardèrent, et l'un d'eux dit involontairement : « Ah ! c'est bien long ! » Ensuite on lui lia les deux bras à la hauteur des biceps, de façon à les maintenir contre le dos et à effacer les épaules ; puis on réunit la *ligotte* des jambes à celle des poignets par une longue courroie. Ainsi attaché, l'homme le plus robuste, le plus violent est neutralisé. La longueur des pas qu'il lui est permis de faire est calculée ; elle est inférieure à celle d'un pas normal ; s'il essayait de s'échapper ou de résister, à son premier mouvement un peu vif, il tomberait la face en avant. Du reste, qui penserait à fuir dans un moment pareil ? Le misérable, vaincu, désagrégé pour ainsi dire, ne se sent-il pas écrasé sous le poids de l'édifice social tout entier ?

On le fit rasseoir. L'aide prit les ciseaux ; il échancra circulairement la chemise pour mettre à découvert le cou et la naissance des épaules ; puis il tailla les cheveux de la nuque, proprement, avec soin, enlevant chaque mèche après l'avoir coupée et la jetant par terre. Pendant ce temps, l'aumônier lisait à demi-voix une prière en français dont quelques mots parvenaient aux assistants : miséricorde infinie, — repentir, — contrition, — qui a souffert, — qui est mort pour nous. — Le malheureux écoutait avec calme ; il n'avait pas bronché quand le froid des ciseaux avait touché sa chair. L'aide fit un geste pour indiquer que les préparatifs étaient terminés ; le prêtre s'interrompit. L'homme dit alors : « Je prie le monsieur de me couper une mèche de cheveux que M. l'aumônier enverra à mon frère. » L'aide abattit une touffe bouclée prise sur le sommet de la tête et la remit au prêtre, qui la serra dans le livre qu'il tenait à la main. « Où demeure votre frère ? » L'homme répondit. L'aumônier entendit mal, l'homme répéta, et, voyant qu'il n'était point compris, dicta lettre à lettre le nom du pays où il fallait adresser ce souvenir d'outre-tombe. La main du prêtre tremblait en écrivant ; le condamné, toujours assis, levait des yeux tranquilles sur les personnes qui l'environnaient. Si près de mourir, le vieil homme subsistait, car, de cette voix lente et traînarde qui lui était familière, il accusa encore ceux dont le témoignage lui avait mis le pied sur l'échafaud. L'aumônier se précipita vers lui pour chasser ces pensées mauvaises, le poussa dans l'angle du mur, et lui mit ses lèvres contre l'oreille. L'exécuteur, le chef de la sûreté, le directeur, regardèrent l'heure et échangèrent un coup d'œil : nous avons le temps. L'aumônier avait ramené le malheureux au milieu de la salle, sur le tabouret. Le croira-t-on ? il eut une sorte de regard nonchalamment ennuyé, comme s'il trouvait qu'on le faisait trop attendre. Parfois il levait les épaules avec un geste qui semblait vouloir dire : quel malheur ! et cherchait dans les yeux fixés sur lui un témoignage de compassion qu'il y rencontrait. L'aumônier tira de sa poche une petite fiole de vin, en versa le contenu dans un verre qu'il appuya aux lèvres du patient. Celui-ci le but lentement, comme boivent les gens du peupeé, en le savourant, et dit : « Merci bien. » Il fit un geste instinctif pour s'essuyer la bouche du revers de la main ; ses liens l'empêchèrent, une ébauche de sourire ironique effleura ses lèvres, et il baissa la tête.

Il était cinq heures moins quatre minutes ; la prison qui avait gardé le criminel le rendit à la justice, représentée par l'exécuteur. Les aides prirent le malheureux par les coudes pour le soutenir. « Non, dit-il, je marcherai tout seul. » En traversant le vestibule du greffe, il adressa un dernier adieu aux surveillants. A ce moment, l'exécuteur s'empara de lui en saisissant la courroie qui attachait les poignets, prêt à le soutenir s'il s'affaissait, à le pousser s'il reculait. On pénétra dans la cour. La grande porte, dont les verrous étaient tirés, fermait encore toute communication avec l'extérieur ; chacun des battants, poussés l'un contre l'autre, était tenu par un gardien. L'homme avançait aussi vite que le permettaient ses entraves ; à sa droite, un aide mettait machinalement la main sous son coude ; à sa gauche marchait l'aumônier, qui priait à demi-voix. Derrière venaient l'exécuteur, un aide, puis le directeur, le chef de la sûreté, le greffier de la cour impériale, quelques employés de la maison. Des soldats du poste, immobiles et comme consternés, regardaient, bouche béante. L'homme dit à deux reprises différentes : « Vous tous, pardonnez-moi, pardonnez-moi. » On avait dépassé le milieu de la cour ; les surveillants qui gardaient la porte l'ouvrirent d'un seul coup, et la guillotine apparut, rouge, sombre, horrible ; on ne voyait qu'elle, on eût dit qu'elle remplissait l'horizon. Ce moment-là, tout attendu qu'il soit, semble toujours inopiné, tant l'impression est violente ; les plus féroces, les plus endurcis parmi les criminels, — Lemaire, Avinain, — ont un involontaire mouvement de recul ; quelques-uns, — La Pommeraye, — sont envahis par une pâleur cadavérique qu'amène une dissolution anticipée ; d'autres, — Verger, — semblent mourir subitement et tombent sans force. L'homme jeta un coup d'œil indifférent sur les bois de justice, et, se tournant vers un des assistants qui lui avait témoigné quelque intérêt, il dit : « Je voudrais savoir votre nom. » La personne interpellée entendit mal sans doute, car elle ne répondit pas. L'aumônier lui répéta la question, et ajouta cette phrase d'une naïveté poignante : « Vous avez été bon pour lui, il voudrait conserver votre nom dans son souvenir. » A cet instant, on franchissait la porte. Il y eut un grand murmure dans la foule éloignée ; du haut de leurs chevaux, quelques gendarmes se penchèrent pour mieux voir ; le pauvre homme et l'aumônier s'arrêtèrent au pied de l'échafaud ; celui qui pardonne au nom de la justice divine embrassa celui à qui la justice humaine n'avait point pardonné ; le patient baisa le crucifix, et le prêtre s'éloigna rapidement.

L'exécuteur monta les dix marches et resta immobile sur la plateforme, à gauche de la bascule. Dans ses vêtements noirs, il paraissait gigantesque ; un silence profond avait abattu tous les bruits. L'homme, soutenu par les deux aides, gravit les degrés et se tint droit et raide devant la bascule. Le temps qu'il resta là est appréciable, il avait les yeux fixés devant lui, et n'articula pas une parole. Un des aides enleva d'un brusque mouvement la loque noire qui lui couvrait les épaules, et se plaça à sa droite, debout contre le panier rouge sur le couvercle duquel il posa la main. L'autre courut prendre son poste devant la lunette. L'exécuteur appliqua sa large main sur le dos du patient, le saisit par la courroie qui lie les deux poignets et le poussa en avant. La bascule décrivit un quart de cercle. On entendit deux ou trois cris de femmes ; l'exécuteur fit jouer le ressort qui maintient la demi-lune, elle s'abaissa. L'aide prit l'homme par les cheveux, l'exécuteur tourna la poignée qui fait manœuvrer le mouton ; le glaive passa comme un éclair noir. Alors il y eut un éclaboussement de choses funèbres : à des intervalles successifs, mais qu'une rapidité vertigineuse rendait simultanés, on vit glisser le couperet, le sang jaillir, la tête bondir dans le panier, le corps y rouler et le large couvercle se rabattre. C'est terrible !

Quatorze secondes, calculées sur une montre à galopeuse, s'étaient écoulées entre le moment où le condamné avait mis le pied sur la première marche et celui où le panier fut fermé.

L'exécuteur descendit en courant comme pour fuir l'épouvantable théâtre sur lequel il venait de jouer le principal rôle. La manne est tirée hors de la plate-forme et poussée dans le fourgon qui l'attend au bas de l'échafaud. L'aumônier, revêtu du surplis, est monté dans sa voiture. Deux gendarmes partent au galop le long des murs de la Roquette. Le corbillard, le fiacre du prêtre, les suivent escortés par deux autres gendarmes. La foule s'écarte, et l'on peut voir au milieu d'elle des filles à la mode qui rient et agitent les bras avec des gestes imbéciles. Le cortège poursuit sa route grand train ; jamais enterrement n'est si rondement mené. On dirait que la justice et la société se hâtent de cacher l'œuvre qu'elles viennent d'accomplir. Tant qu'on est dans la rue de la Roquette, les gens s'empressent sur le seuil des portes pour voir passer ces choses lugubres ; place de la Bastille, boulevard Contrescarpe, place Mazas, on ne sait déjà plus ce que c'est ; les gendarmes seuls attirent les regards ; ils ont ralenti l'allure de leurs chevaux, et c'est au trot qu'on traverse le pont d'Austerlitz. Quelques volées de cloches lointaines sonnées au-dessus de Paris qui s'éveille semblent un appel aux prières pour celui qui n'a plus rien à démêler avec les hommes. Sur le boulevard de l'Hôpital, des bandes d'ouvriers alertes et causant se rendent à leurs chantiers ; quelques-uns s'arrêtent et s'interrogent. Place d'Italie, on comprend qu'on se rapproche du cimetière, les curieux font quelques pas pour suivre les voitures ; ils savent ce que le fourgon renferme, et ils voudraient voir. Route de Choisy, devant une boutique qui porte pour enseigne : *Ici on loue des voiles pour mariage et pour communion*, une femme fait le signe de la croix et s'agenouille ; sur la route d'Ivry, tous les cabarets dégorgent leurs buveurs, qui se rangent sur la chaussée ; quelques hommes ôtent leur casquette. On demande un dernier effort aux chevaux en sueur, et l'on entre dans le cimetière, dont les portes sont immédiatement refermées.

On traverse des allées pleines de cyprès, où les tombes amoncelées semblent manquer de place et se pressent les unes contre les autres ; on franchit une vaste palissade en planches, et l'on pénètre dans la partie réservée aux morts des hôpitaux, de la Morgue et aux suppliciés : c'est *le Champ des navets*. Rien n'est plus désolé : la terre grise et laide est bossuée çà et là ; de larges tranchées sont ouvertes et attendent leur proie. Des herbes folles ont poussé, chardons, liserons, chicorées sauvages, ravenelles défleuries, et se moirent au souffle du vent ; une poule menait ses poussins à la picorée sur toutes ces tombes. Quelques croix de bois s'élèvent, portant une couronne aux branches. Dans la portion consacrée aux épaves de la Morgue, il y a même un vrai tombeau composé d'une stèle de pierre avec cette inscription : « A une petite fille inconnue âgée de 3 ans environ, témoignage affectueux de quelques âmes charitables ; le 9 juin 1866. » Au moment où le fourgon funèbre est arrivé près d'une vaste fosse commune creusée à l'avance, les nuages se sont déchirés, et le soleil a paru. On a mis la manne par terre et on l'a ouverte ; la face du mort était violette et avait les yeux fermés. Les gens du métier affirment que la commotion est si rapide qu'elle est instantanée, et la preuve qu'ils en donnent est celle-ci : le cadavre a les yeux ouverts ou fermés selon que le glaive l'a frappé pendant qu'il ouvrait ou fermait les yeux. On enlève au corps les entraves qui lui liaient les jambes, les poignets et les bras ; s'il porte quelque vêtement qui ne soit pas absolument hors d'usage, ceux qui l'ont amené s'en emparent, puis on traîne le panier près de la fosse, on le penche, et l'on verse le cadavre, qui tombe avec des mouvements étranges, sinistres, car il a conservé son élasticité, et il semble faire des gestes que l'absence de tête rend grotesquement horribles.[1] Un fossoyeur saute dans le trou, allonge le cadavre dans une attitude qui rassemble les membres ; il pose la tête entre les jambes, et tend la pelletée de terre traditionnelle à l'aumônier, qui prie au bord de la fosse. — Le prêtre bénit ce pauvre cadavre abandonné, et s'éloigne très troublé, très ému, après avoir accompli la plus dure, la plus terrible mission de son ministère. Alors un homme vêtu d'une blouse grise, et qui se tenait à quelques pas devant un cheval attelé à un fourgon sur lequel on pouvait lire : Faculté de médecine, s'est approché du gardien du cimetière et lui a remis un ordre d'exhumation. Un commissaire de police requis a dressé procès-verbal de cette opération, qui fut facile, car le corps était à peine couvert. Le cadavre a été livré à l'homme en blouse et porté, encore tiède, aux savants qui l'attendaient à l'École pratique.

Cependant, sur la place de la Roquette, les ouvriers charpentiers, aussitôt après l'exécution, se sont emparés de l'échafaud, loin

---

1 On peut remarquer sur le cadavre le même phénomène physique que produit la mort par suspension ou strangulation.

duquel la foule, à demi écoulée, était encore maintenue. A grande eau et sur la place même, ils ont lavé l'instrument de mort ; ils ont essuyé le glaive, humide, détaché le mouton, abattu les poteaux, dévissé les boulons ; en ordre et méthodiquement, ils ont enlevé toutes les pièces une à une, les ont renfermées dans le fourgon, qu'ils ont conduit dans le hangar qui sert de remise à la machine rouge. Les sergents de ville sont alors partis, et des groupes se sont formés devant l'entrée de la Grande-Roquette. Les voitures des maraîchers, retenues à la barrière par des gardes de Paris à cheval, suivent la route qui les conduit aux halles, les boutiques s'ouvrent, la circulation est rétablie, et la place reprend son mouvement accoutumé. Tout le jour, des curieux stationnent sur les trottoirs, et cherchent en vain quelque trace de l'événement de la nuit.

Section IV

Tous les condamnés ne meurent pas avec autant de simplicité et de résolution que celui dont j'ai parlé. Verger se roula par terre, lutta, se débattit, et, quand il comprit que rien ne le pouvait sauver, entra dans une décomposition telle et si rapide que la vie parut l'avoir quitté avant qu'il fût mort. Lemaire, qui tuait afin que son nom fût mis dans les journaux, se jeta de lui-même avec frénésie sur la bascule. La Pommeraye, livide et morne, ne dit pas un mot, et il était si affaissé qu'il semblait n'avoir plus conscience de ce qui se passait. Quelques-uns, le peut-on croire ? cherchent le *mot de la fin* ; ils l'ont trouvé, façonné depuis longtemps et le prononcent à la minute suprême. Avinain, qui insulta l'exécuteur et vomit contre lui des injures qu'on ne peut répéter, en gravissant les degrés, cria aux soldats qui entouraient l'échafaud : « Adieu, enfants de la France ; n'avouez jamais, c'est ce qui m'a perdu ! » La plupart, dans les longues heures de la cellule, se sont promis d'être fermes, de donner un grand exemple, de faire même quelque chose d'extraordinaire, comme une légende admirée de la population des chiourmes ; mais un grand écrasement se fait en eux, l'espérance, qui malgré tout a surnagé, est si brusquement déçue, qu'ils sont énervés du coup ; ils oscillent, ils ont peur, ils sont faibles et prouvent une fois de plus qu'il n'y a rien de commun entre le courage et la violence.

La peine de mort, si fréquente jadis, n'est plus appliquée aujourd'hui que dans des cas pour ainsi dire exceptionnels ; il faut que le crime soit particulièrement horrible pour que le jury se résigne à prononcer le verdict fatal et pour que le chef de l'état n'use pas de son droit de grâce. La loi du 28 avril 1832 qui concède aux jurés la faculté de déclarer qu'il y a des circonstances atténuantes, le sentiment personnel des souverains qui depuis 1830 se sont assis sur le trône de France, rendent cette terrible expiation de plus en plus rare. Du reste les excellentes statistiques du ministère de la justice, qui, pour le dire en passant, sont des modèles de méthode et de clarté, fournissent à cet égard des renseignements du plus haut intérêt. De 1803 à 1825, 6,651 condamnations à mort ont été prononcées ; les deux périodes quinquennales les plus chargées sont 1803-1807, 2,094 condamnations ; 1816-1820 (époque de réaction royaliste), 1,986. Sur ce nombre de condamnés, combien ont vu commuer leur peine ? C'est ce qu'il est impossible de savoir, car nul document n'en témoigne. A partir de 1826, on marche avec certitude. De 1826 à 1830, 554 condamnations, dont 360 suivent leur cours. La révolution de juillet éclate, les circonstances atténuantes permettent d'abaisser la peine d'un ou de deux degrés, immédiatement les chiffres décroissent d'une façon sensible : de 1831 à 1835, 327 condamnations qui n'entraînent que 154 exécutions ; de 1836 à 1840, 197 condamnations, 147 exécutions ; de 1841 à 1845, 240 condamnations, 178 exécutions ; de 1846 à 1850, 245 condamnations, 85 exécutions ; de 1851 à 1856, 282 condamnations, 138 exécutions ; de 1856 à 1860, 217 condamnations, 120 exécutions ; de 1861 à 1865, 108 condamnations, 63 exécutions ; de 1866 au 1er janvier 1869, 56 condamnations, 31 exécutions. Ainsi dans les huit dernières années 134 condamnations n'ont été suivies que de 94 exécutions, ce qui ne donne pas 12 par an sur une population évaluée à 38 millions d'habitants. Depuis 1830 jusqu'à nos jours, la cour d'assises de la Seine a prononcé 106 condamnations capitales, dont 49 ont été commuées. Dans une période de quarante ans, l'échafaud n'a donc été dressé que cinquante-sept fois sur nos places publiques. Si l'on pouvait citer en regard de ces chiffres le nombre des malheureux exécutés au siècle dernier, je ne parle et ne veux parler que de justice criminelle, on serait étonné de voir combien la législation, pénétrée par le progrès des mœurs, s'est modifiée et adoucie.

Aujourd'hui on cache les bois de justice, on ne les monte que pendant la nuit, on ne les laisse debout que le temps strictement indispensable ; il y a cent ans, le gibet, scellé dans la pierre, tendait son bras sinistre dans nos rues, et semblait toujours attendre le patient. Il ne se passait pas de semaine, pas de jour peut-être, qu'il ne reçût sa proie ; c'était une telle affaire d'habitude qu'on n'y faisait guère attention, si bien que l'exécuteur pouvait dire à un prêtre condamné qu'il menait pendre, et qui s'accrochait en désespéré à l'échelle du gibet : « Allons donc, monsieur l'abbé, vous faites l'enfant ! » Mercier, qui raconte le fait dans son *Tableau de Paris*, s'indigne contre le costume de l'exécuteur qui, « poudré, galonné, frisé, en bas de soie, » fait son affreuse besogne aux applaudissements de la multitude. Il n'aurait rien à reprocher aujourd'hui à celui qui manie le glaive de la justice, car sa tenue est aussi sévère que convenable ; mais que dirait-il de ses aides, vêtus de costumes voyants et criards si peu en harmonie avec leurs sombres fonctions ? Pourquoi, par respect pour la justice dont ils exécutent les arrêts, ne pas donner à ces hommes qui sont pauvres et mal rétribués un costume uniforme, noir, rappelant celui que portent les appariteurs des pompes funèbres ? De plus les aides devraient être jeunes, alertes, vigoureux, afin de ne pas retarder les apprêts, déjà si longs, qui précèdent le supplice.

Certes, depuis 1830 et successivement, on a fait en cette déplorable matière des progrès qu'il serait injuste de méconnaître ; mais il en est d'autres que l'humanité exige impérieusement, qu'il est facile d'introduire dans les usages reçus, auxquels il est temps de penser. On a déjà supprimé le trajet de Bicêtre à Paris, la longue attente de sept heures du matin à quatre heures de l'après-midi, la lecture de l'acte judiciaire notifiant le rejet du pourvoi en cassation, le transport du condamné sur une charrette de la Conciergerie à la place de Grève. Il reste encore bien des choses à supprimer. En matière de pénalité, tout ce qui n'est pas rigoureusement indispensable est cruel et doit, à ce seul titre, être impitoyablement exclu de la loi. On réveille le condamné une demi-heure avant le moment fatal ; un quart d'heure suffirait amplement à son lever, à la toilette et à l'absolution, qu'une captivité d'un mois, des entretiens fréquents avec l'aumônier, l'ont préparé à recevoir. A quoi bon aussi, lorsque ce misérable est réveillé, lui enlever sa camisole de force pour la lui remettre immédiatement après ? Pour sauver une chemise appartenant à l'administration des prisons, motif puéril que le moindre sentiment d'humanité devrait faire rejeter sans discussion. A quoi bon le conduire dans l'avant-greffe pour qu'il y subisse *la toilette* ? Cette vieille cérémonie, si pénible et si lente, pouvait avoir sa raison d'être lorsqu'on portait les cheveux longs ou la queue, et que l'action du glaive manié par l'exécuteur même pouvait en être paralysée ; mais le poids, la violence irrésistible du couperet actuel la rendent superflue. Si l'on tient absolument à la conserver, comme une tradition reçue des ancêtres, pourquoi ne pas l'accomplir dans la cellule même du condamné, afin d'abréger ses angoisses et de le débarrasser plus rapidement de la torture qu'il subit depuis son entrée en prison, car la guillotine est bien plutôt la fin du supplice que le supplice lui-même ?

Le sujet est grave et veut qu'on s'y arrête. Refaisons le trajet de la cellule[1] à l'échafaud avec cet homme dont un brusque avertissement a brisé l'énergie et amolli les muscles. Il sort de son cabanon, il traverse une antichambre, une galerie ; il gravit vingt-six marches d'un escalier en vrille où deux personnes ne peuvent passer de front qu'avec une extrême difficulté ; il parcourt un corridor qui a plus de 100 mètres de longueur ; il descend onze marches, puis quinze ; il pénètre dans l'avant-greffe, il s'asseoit pour la toilette. Il franchit le vestibule, puis un perron de trois degrés. Il traverse la grande cour de la Roquette, il sort de la prison. Il s'avance encore de dix-sept mètres ; enfin il lui faut monter les dix marches qui aboutissent à la plate-forme où la mort l'attend. C'est tout simplement barbare. A quoi bon cette promenade à travers des escaliers et des couloirs ? Quatre coups de pioche ouvriraient à côté de la cellule même, dans le mur d'enceinte, une porte par où ce malheureux pourrait être conduit de plain-pied au supplice ; ne peut-on, si l'on recule devant cette mesure, le faire passer par les cours intérieures et éviter ces

1 On peut être surpris que la Roquette soit si mal aménagée au point de vue des condamnés à mort ; cela tient à ce que dans le principe on n'y avait point pensé. C'est le 22 décembre 1836 que cette prison, primitivement désignée sous le nom de *Petit-Bicêtre*, fut constituée *dépôt des condamnés*. Dès 1838 (14 mars), on se plaignait qu'elle ne fût point convenablement disposée pour la garde des détenus frappés de la peine capitale. On remédia comme on put à cet inconvénient, on fit les cellules après coup, isolées des autres quartiers, et c'est ce qui explique, sans le justifier, la longueur du trajet que le malheureux doit faire pour se rendre au lieu du supplice.

ascensions répétées, quitte à laisser apercevoir le funèbre cortège par les détenus. Pourquoi dix marches à l'échafaud ? Pourquoi cette flagrante contradiction ? On fait ce qu'on peut, avec raison, pour empêcher le public de voir ce spectacle, et c'est sur une estrade élevée qu'on pousse l'homme que l'on veut dérober à la vue de la foule ! On vient d'expédier à Alger une guillotine sans escalier, pourquoi n'en pas faire construire une semblable pour Paris ?

Dans la voie des améliorations, en ce qui concerne ces choses redoutables, on n'ira jamais assez loin, et les nations voisines nous ont clairement montré la route qu'il faut suivre. En Prusse, dans une partie des états de l'Allemagne, en Angleterre même, où les usages traditionnels gardent une puissance si persistante, les exécutions capitales ont lieu aujourd'hui à huis clos, dans l'intérieur même des prisons, en présence d'un certain nombre de fonctionnaires, de personnes déléguées, de mandataires de la presse : publicité suffisante pour donner la dernière consécration aux œuvres de la justice. Que Veut-on en conviant la foule à un tel spectacle ? La terrifier, lui prouver que la loi judaïque du talion existe encore au XIXe siècle chez un peuple pratiquant une religion dont le fondateur a dit à son apôtre : Remets ton glaive au fourreau, — lui causer une impression profonde et durable ? Mais elle sait tout cela, cette foule ; que lui importe ? .. Il faut bien dire le mot, si pénible qu'il soit, elle vient là pour s'amuser ; on y rit, on y boit, on y chante ; pour un peu, on y danserait, on y a dansé… Un lendemain de la mi-carême, plus de deux cents masques ont roulé jusqu'à la place de la barrière Saint-Jacques, et ont continué un bal de mascarades devant l'échafaud où deux assassins allaient monter. Est-ce l'exemple qu'on poursuit et qu'on veut donner ? L'exemple, il est nul, pour ne pas dire plus. Le 5 août de cette année, Momble, meurtrier d'une femme et d'un enfant, subit sa peine en public, au grand jour ; tous les journaux racontent ses derniers moments : le 25 du même mois, Troppmann commence la série de ses forfaits longuement médités.

Dans l'espace restreint de la rue Gerbier et de la rue de la Vacquerie, la foule ne peut rien voir ; elle n'atteint pas son but, et la justice manque le sien. Haussés sur la pointe des pieds, gênés par les shakos des soldats, par les tricornes des sergents de ville, par les chevaux de la garde de Paris, par les arbres de la place, cinquante, soixante curieux au plus, peuvent se rendre à peu près compte de ce qui se passe ; avec le système actuel, on n'arrive à produire sur cette masse illettrée et corrompue qu'une démoralisation qui est coupable, car elle peut être évitée. On craint, je le sais, que le peuple, ne voyant plus la guillotine dressée publiquement, ne dise qu'on n'a pas donné suite aux arrêts de la justice. Qu'importent de telles rumeurs, et doit-on s'y arrêter ? Ce même peuple ne sait-il pas que les condamnés aux galères sont envoyés à la Nouvelle-Calédonie ? Qu'est-ce qui lui prouve que cette déportation a lieu en effet ? Rien, et nul, pour s'en assurer, n'a demandé, j'imagine, à feuilleter les registres des ministères de la marine et de la justice. Un seul fait est à considérer : la loi doit être exécutée ; elle le sera aussi bien dans un préau de prison que sur une place de la ville, et la justice ne périclitera pas, si l'article 26 du code pénal est abrogé. C'est là un progrès que notre état de civilisation réclame énergiquement en attendant le progrès suprême, dont il serait peut-être inopportun de parler aujourd'hui que le pays tout entier vient d'être terrifié par les monstrueux crimes d'un homme qui n'a pas vingt ans encore.

ISBN : 978-1720700913